Lk⁷ 1495

ABBAYE DE CADOUIN.

NOTICE

HISTORIQUE

SUR L'ABBAYE

DE CADOUIN,

SON ÉGLISE ET SES CLOITRES;

Par M. l'abbé Audierne,

Inspecteur des monumens historiques du département de la Dordogne, membre de plusieurs sociétés savantes, etc.

PÉRIGUEUX,

IMPRIMERIE DUPONT, RUE TAILLEFER.

1840.

A MESSIEURS
LES MEMBRES DU CONSEIL GÉNÉRAL

DU DÉPARTEMENT DE LA DORDOGNE.

Messieurs,

La notice historique que j'ai l'honneur de vous offrir a été faite après l'acquisition du cloître de Cadouin. Elle en est le résultat.

Vous y verrez, messieurs, qu'en achetant ce cloître vous avez sauvé de la destruction non-seulement un objet d'art, mais encore un monument rempli de grands souvenirs. Le public y trouvera cette vérité, chaque jour plus généralement sentie, que les vieux siècles, réputés barbares, ont produit des chefs-d'œuvre que nous rechercherons toujours avec avidité pour les admirer avec enthousiasme.

Daignez agréer l'assurance du profond respect avec lequel je suis,

MESSIEURS,

Votre très humble et très obéissant serviteur.

L'abbé Audierne.

NOTICE

HISTORIQUE

SUR L'ABBAYE

DE CADOUIN,

Son Église et ses Cloitres.

Les hommes, en général, ne travaillent que pour le présent, et cependant le souvenir du passé les intéresse toujours. Ils font aujourd'hui, sans qu'ils s'en doutent, ce qui se faisait hier ; et si la destruction est dans la nature des choses, l'amour de l'imitation et de la conservation se trouve inné dans le sentiment de leur être. C'est l'histoire qu'ils interrogent dans la conduite des grandes affaires ; c'est aussi l'origine ou l'antiquité des monumens qu'ils considèrent quand il s'agit de les conserver. Il ne faut point s'en étonner : l'homme, qui embrasse tous les temps par sa vaste intelligence, croit agrandir son existence en l'associant à tous les âges, et appartenir à toutes les époques en restaurant leurs œuvres pour les perpétuer. C'est à ce besoin d'immortalité qu'éprouvent tous les hommes, que nous devons la conservation de la plupart des monumens échappés à l'aveugle fureur des révolutions diverses qui ont tourmenté le monde. D'ailleurs, ce qui est antique, beau, grand et religieux, commande le respect et désarme les passions.

Si l'église de Cadouin et ses cloîtres sont restés debout lorsque le monastère a été presque détruit, il est doux de l'attribuer à ce qu'ils offraient à tous les regards ces imposans caractères de majesté, de grandeur, de noblesse, qui frappent, qu'on admire, et que l'on ne peut s'empêcher de respecter.

A la naissance d'une vallée qui se dirige vers l'ouest, que dominent la forêt de la Bessède et quelques mamelons plantés en vignes, se trouvent plusieurs maisons entassées, qui portent ensemble le nom de Cadouin (1). La plupart sont mal bâties, mal distribuées et placées sans ordre. Jetées au hasard au bord de quelques ruisseaux bourbeux, on les dirait roulées pêle-mêle du haut des monticules voisins. Il en est, cependant, quelques-unes qui se font remarquer par un extérieur plus régulier, et celles que l'on construit actuellement promettent pour l'avenir moins de confusion. Le pays est sauvage, mais l'habitant ne l'est pas ; il est honnête, affable et complaisant.

Là existent les édifices religieux dont nous allons retracer le tableau. Placés à peu près au centre du bourg, on les distingue par leur étendue, leur élévation ; et le clocher, atteignant la hauteur des coteaux qui le pressent, indique au voyageur la maison de Dieu.

---

(1) Cadouin, chef-lieu de canton, est situé dans l'arrondissement de Bergerac (Dordogne), entre Monpazier, Limeuil, Beaumont et Belvès. Sa population n'est que de 700 âmes.

L'abbaye remonte au xii.ᵉ siècle. Elle doit son existence à la présence du saint suaire à Cadouin (1). Cette précieuse relique, devenue la propriété d'une famille juive convertie à la foi catholique, avait été soigneusement conservée par les chrétiens, pendant plusieurs siècles, au milieu même des plus sanglantes persécutions. Tombée entre les mains des infidèles en l'année 670, elle devint l'objet continuel des ardens et pieux désirs des disciples du Christ : ils la réclamèrent avec de vives instances ; et, puisant dans leur foi les motifs de leur persévérance, ils obtinrent enfin justice de Mahuvias, roi des Sarrasins et successeur d'Omar. Le saint suaire leur fut rendu ; ils purent le déposer sans péril dans une église de Jérusalem, où il reçut leurs hommages jusqu'au xi.ᵉ siècle. Mais un calife de Babylone, nommé Héquen, ayant soulevé une persécution contre les chrétiens, et recherchant avec avidité tout ce qui se rattachait à leur culte pour l'anéantir, le saint suaire fut transporté à Antioche, où il demeura près d'un siècle. Maîtres de la Terre-Sainte, les Français eurent à leur disposition les trésors qu'elle renfermait. Eymard, évêque du Puy, se trouvait légat apostolique. Considéré dans l'armée catholique pour son savoir et ses vertus, il exerçait sur l'esprit des soldats un très grand ascendant. Son caractère, son titre et la confiance qu'il inspirait lui avaient acquis la vénération du clergé d'Antioche. Il en obtint le saint suaire en l'année 1098 ; mais cette relique ne fut pas long-temps en sa possession. Ce prélat, atteint du fléau qui fit périr tant de croisés, la remit en mourant à un prêtre de sa suite. Cet ecclésiastique, heureux

---

(1) Sous le nom de suaires, on désigne les linges qui servirent à ensevelir Jésus-Christ. On en compte plusieurs dans la chrétienté : celui de Cadouin est certainement très vénérable par son ancienneté.

d'avoir le suaire, et craignant sans doute de le perdre, s'empressa de revenir en France; mais étant mort dans la traversée, il le confia à un clerc né à Cadouin. Celui-ci vint habiter le village où il avait reçu le jour. Il y fit bâtir une chapelle dont les ruines subsistent encore. C'est dans cet oratoire qu'il déposa, en 1112, son pieux trésor, et s'en établit le gardien (1). Deux ans plus tard, Robert d'Arbrissel, célèbre prédicateur, parcourait la France en missionnaire, et, fondateur du couvent de Fontevraud, il travaillait à multiplier les maisons du même ordre. Il prêcha dans l'église collégiale du Puy-Saint-Front. Son discours fut apprécié et applaudi par les religieux; en récompense, ils lui firent les offres les plus généreuses, entre autres celles des propriétés que le Puy-Saint-Front possédait dans Cadouin. Robert accepta. Il ne pouvait ignorer la présence du saint suaire dans ce lieu, et probablement cette particularité ne fut pas étrangère à son acceptation. Il conçut d'abord le projet d'y fonder un couvent de religieuses; les seigneurs de Beynac et de Biron, barons du Périgord, dont les châteaux existent encore sous le nom de leurs anciens maîtres, l'un dans les environs de Sarlat, l'autre près de Monpazier, donnèrent les biens nécessaires pour l'entretien de cet établissement.

Des difficultés survinrent, sans doute, dans la réalisation entière d'un projet presque accompli. Robert d'Arbrissel n'établit point de religieuses à Cadouin; mais d'accord avec Pé-

---

(1) Le saint suaire arriva à Cadouin vers l'an 1112 et non pas en 1115, comme le rapporte l'auteur de l'histoire abrégée de cette relique. Ainsi, la présence du saint suaire à Cadouin serait antérieure de deux ou trois ans à la fondation de l'abbaye. J'ai relevé cette erreur sur un manuscrit du XIIIe siècle, qui contient la relation d'un voyage en Palestine par l'évêque Arculfe.

tronille de Chemillé, abbesse de Fontevraud, il céda tous ses droits à Guy de Sales, son intime et fidèle ami. Guillaume d'Aubcroche, évêque de Périgueux, le chapitre collégial et les deux barons ne mirent aucun obstacle à cette cession. Alors Guy de Sales s'adjoignit quelques disciples, et mena avec eux, dans cette profonde solitude, une vie paisible et religieuse. Ce serviteur de Dieu mit, en 1116, son monastère naissant sous la juridiction de Henri de Pontigny, qui en fut le premier abbé ; de là l'origine de l'abbaye de Cadouin (1). Une circonstance imprévue vint favoriser les progrès rapides de ce monastère. Le feu se manifesta dans la chapelle gardienne du saint suaire : les religieux accoururent, s'emparèrent de cette précieuse relique, la sauvèrent des flammes et la déposèrent dans leur couvent. Le clerc à qui elle appartenait ne voulut point s'en séparer ; il suivit les religieux, et consentit plus tard à prendre leur habit (2).

Le monastère, devenu ainsi possesseur du saint suaire, sortit bientôt de son état de pauvreté, et put s'accroître. Trois ans s'étaient à peine écoulés, que les religieux jetèrent, en 1119, le xi des calendes de novembre (3), les fondemens d'un couvent plus vaste, et bâtirent l'imposante église qui subsiste encore. Il ne reste plus de ce couvent que quelques pans de murs, quelques débris de voûtes liés à des constructions postérieures.

L'église, au contraire, a bravé le temps et son activité, les révolutions et leurs fureurs ; après plus de huit cents ans, elle se montre encore belle et admirable. Cette église a

(1) *De l'état de l'église du Périgord depuis le christianisme*, par le R. P. Jean Dupuy, récolet. — Page 28, 2.e partie.
(2) Extrait d'un manuscrit du xiiie siècle.
(3) xi. *Kal. Nov. Anno Dni* 1119 *fundata est abbatia Cadunii.*
(Extrait des archives de Cadouin.)

pour forme une croix latine avec bas côtés, terminés par deux chapelles en absides, moins saillantes que la grande abside du sanctuaire. Sa longueur est de 48 mètres, à partir du seuil de la porte jusqu'à l'extrémité du sanctuaire. La largeur de la nef et des bas côtés est de 19 mètres 33 centimètres, et l'étendue du transept de 22 mètres 66 centimètres. La façade est originale. Elle offre un dessin architectonique que l'on ne rencontre presque jamais, ou du moins très rarement. Elle est divisée en trois ordres distingués par deux bandeaux qui la traversent horizontalement. Les ornemens de ces bandeaux sont en damier et à pointes de diamant. Au centre du premier ordre s'ouvre la grande porte, composée de quatre arcades à plein-cintre, en retrait les unes sur les autres. Chaque arc repose sur deux colonnes. Sur la voussure du milieu on croit lire le mot *pax;* inscription convenable, d'ailleurs, sur un édifice asile de la paix (1). Deux arcades feintes s'élevaient de chaque côté. Elles reposaient sur de petites colonnes dont les chapiteaux étaient ornés de légers filets. Les deux de droite ont été détruites, et l'espace qu'elles occupaient se trouve caché par les constructions d'une maison bâtie dans le xiv.e siècle. Cette maison, devenue la propriété de la commune, est aujourd'hui sans emploi. Le goût éclairé des magistrats de Cadouin la fera, sans doute, bientôt disparaître. Sa démolition serait un bienfait pour l'église et pour les arts.

Dans le second étage, trois fenêtres à plein-cintre, avec archivoltes décorées d'un ornement en denticules, remplissent la largeur de l'édifice. Celle du milieu est plus grande

---

(1) Cette inscription, gravée en forme de chiffre, pourrait être aussi le monogramme du Christ. On voit la même inscription sur la porte de la chapelle de l'abbaye de Chancelade, construite également dans le xii.e siècle.

que les deux autres, et présente dans le haut une ouverture circulaire dont le pourtour est sans ornement.

Au dernier étage règne une galerie de neuf arcades, dont les archivoltes se détachent sur le mur de l'épaisseur des colonnettes de support. Les pieds droits qui séparent les arcades offrent un petit pilastre de même hauteur que les colonnettes. Sept de ces arcades sont de même grandeur. La première et la dernière sont plus petites. Les ornemens sont des étoiles et des pointes de diamant. L'édifice est couronné d'un corniche où l'on retrouve les mêmes ornemens.

A l'extérieur, les côtés de l'église se distinguent par une grande simplicité. Les murs sont percés de dix fenêtres, cinq de chaque côté. Elles sont cintrées, régulièrement espacées, sans colonnes ni sculptures. La corniche n'offre, en général, pour ornement qu'une simple moulure. Celle des absides du sanctuaire et des deux chapelles est soutenue par des consoles représentant des sujets bizarres, des figures fantastiques. La corniche des absides est couronnée d'une attique sur laquelle repose la charpente, qui porte une toiture moderne. La couverture primitive était probablement en tuiles plates disposées en escalier, et appliquées immédiatement sur l'extrados des voûtes : c'est du moins ce qu'indiquent les gouttières extérieures, devenues maintenant inutiles.

Le clocher est une tour carrée qui n'a rien de remarquable. On voit seulement qu'il est resté inachevé. La charpente qu'il supporte est assez élevée, et sa couverture en plaques de bois est d'un travail tout moderne.

A l'intérieur, deux rangs parallèles de piliers flanqués de colonnes divisent l'église, dans le sens de la longueur, en trois parties inégales, la nef et les latéraux. Les voûtes, jetées d'un mur à l'autre avec une hardiesse admirable, sont faites en petites pierres mêlées avec beaucoup de mortier, et leurs arceaux viennent s'appuyer sur les massifs qui les séparent. Celles des bas côtés sont plus basses. Les chapiteaux des colonnes sont presque tous sans ornement : deux ou trois seulement présentent quelques sculptures. Ce sont des feuillages, des étoiles et des entrelacs. La corniche sur laquelle semblent reposer les voûtes est ornée de moulures en damier. Cinq fenêtres cintrées et ornées de colonnes éclairent le sanctuaire, dont la coupole est en quart de rond. Les chapelles étaient éclairées chacune par deux fenêtres, également cintrées. Une seule existe ; la seconde a été bouchée. Leurs voûtes imitent celles du sanctuaire, et le sol de ces chapelles est plus élevé que celui de la nef et des bas côtés de l'église.

La chapelle de droite est revêtue d'une boiserie dont les panneaux contiennent des tableaux représentant des moines. Elle était dédiée à saint Bernard, dont on voit encore le portrait au-dessus de l'autel avec cette inscription : *Mellifluens ecclesiæ doctor.*

Le zèle, dirigé par la piété, vient de placer dans cette chapelle un groupe représentant la Mère des sept douleurs, avec son fils reposant sur ses genoux et deux anges adorateurs. Il serait à désirer que ces statues en carton-pierre, et d'une blancheur éblouissante, se trouvassent en harmonie avec les vieux tableaux qui les entourent, et ne fissent point contraste avec le genre sévère des décorations qui ornent la gothique chapelle de saint Bernard. La piété, qui n'emprunte rien de la mobilité humaine, ne dédaigne point l'antiquité, et le goût artistique l'aime avec passion.

La chapelle de gauche, nouvellement restaurée, est sans boiseries. Une claire-voie en interdit l'entrée au public. Dédiée au saint suaire, elle possède encore ce linceul divin que les malheurs du temps n'ont pu atteindre. Cette relique est en toile de lin d'un tissu excessivement fin. Sa longueur est de 2 mètres 88 centimètres, et sa largeur d'un mètre 24 centimètres. Elle porte des taches de sang, et laisse encore apercevoir les traces des aromates dont elle fut imprégnée. Elle est ornée aux deux extrémités, dans le tissu même, de deux bordures inégales, dont le dessin varié et les vives couleurs imitent parfaitement une mosaïque. La bordure supérieure a 8 centimètres de largeur; la bordure inférieure n'a que 7 centimètres et 5 millimètres. Cette relique est enfermée dans un coffret d'une forme gracieuse, couvert d'un drap d'or, avec des charnières et une serrure d'argent.

Au-dessus de l'entrée de la serrure, on voit des armoiries gravées que l'on retrouve peintes, dans l'intérieur du coffret, sur l'étoffe de soie blanche qui lui sert de doublure. Elles sont écartelées, et portent : au premier de gueule, trois alérions d'or; au deuxième d'azur, une tour crénelée d'argent, au chef de gueule chargé de trois étoiles d'or; au troisième de sinople, un lion rampant d'or, lampassé de gueule; au quatrième de sable, trois rencontres de lions au naturel; à la face rouge, chargée de cette légende : DEZIRY HAZER. L'écu est surmonté d'une couronne de comte.

La sacristie, dont le milieu est indiqué par une voûte d'arête, à nervures arrondies, est carrée. Un arc la termine pour commencer une petite abside qui forme saillie à l'extérieur. Les voûtes, ainsi que les parrois des murs, qui sont d'une grande épaisseur, offrent des traces de peintures de même style que celles qui décoraient l'abside du sanctuaire. Il est probable que cette sacristie fut primitivement une chapelle destinée à renfermer le saint suaire. C'est du moins ce que semblent indiquer les soins qu'on avait mis à l'orner. Sa construction remonte au XIII.e siècle.

Plusieurs statues en bois, de moyenne grandeur, représentant des religieux et les évangélistes avec leurs attributs, sont abandonnées dans la sacristie ou dans une tribune qu'on ne fréquente plus. Dévorées par les vers, elles finiraient par n'être plus qu'un amas de poussière, si l'on ne veillait à leur conservation. Gardienne des pieux souvenirs, la religion ne peut voir avec indifférence ces statues délaissées, et l'archéologie partage ses nobles et utiles sentimens. Ces statues eurent jadis une place honorable dans l'église. Pourquoi ne la reprendraient-elles pas? Le temps, d'ailleurs, n'a rien enlevé à leur mérite.

A droite, dans l'église, on remarque un tombeau gothique sur lequel reposait une statue en pierre de grandeur naturelle, vêtue d'une longue tunique attachée sur les reins avec un cordon. Le tombeau est mutilé, et la statue, sans tête, gît à ses pieds. Quelle est cette statue? quel fut ce tombeau? C'est le secret du temps, qu'il rend chaque jour plus impénétrable; enfin, c'est le mystère de la tombe. Pour rendre Cadouin plus intéressant et fournir à son histoire une page de plus, nous voudrions, avec plusieurs de nos amis, que cette statue fût celle de Bertrand de Born, et que ce tombeau eût renfermé ses restes mortels; mais l'on sait seulement que ce célèbre troubadour mourut sous l'habit des moines de Citeaux, et il ne s'ensuit pas qu'il ait été enterré à Cadouin.

A gauche, on voit une statue de grandeur naturelle, dont la tête a été détachée et la face mutilée. Cette statue, parfaitement drapée, est vêtue d'une robe bleue et d'un manteau fleurdelisés. Elle porte un enfant sur ses bras, et un religieux est à ses pieds. Une bandelette, destinée sans doute à recevoir une légende, part de son bras gauche et se déroule en plis onduleux jusqu'à terre. Elle tient de la main droite un sceptre, et la couronne royale qui repose sur sa tête est fermée, comme signe de la plus haute puissance. Cette belle statue, d'un travail plein de naïveté et de délicatesse, appartenant au XIII.ᵉ siècle, représentait Notre-Dame, patrone de l'église de Cadouin. Elle était placée dans la chapelle où est aujourd'hui le saint suaire. Que de souvenirs cette statue rappelle ! Combien de générations elle a vues passer ! Que d'hommages elle a reçus ! Cependant elle gît dans la poussière ! Les arts demanderaient qu'on la remît en honneur, parce qu'elle est un monument précieux ; et la religion, qui regarde Marie, dont elle est l'image, comme la reine de l'univers, n'a jamais consenti à ce qu'on brisât son sceptre.

Cette statue, après avoir été restaurée, devrait retrouver une place dans l'une des deux chapelles.

Telle fut donc et telle est encore cette superbe église, dont la construction occupa les ouvriers pendant près de quarante ans. La dédicace en fut faite en l'an 1154, par les évêques de Périgueux, d'Agen et d'Angoulême. Les abbés de Moissac, de Terrasson, de Condom, de Sept-Fond, de Ferrières, de Fond-Guillem, de la Celle, d'Orléans, de la Sauve et de Faize assistaient à cette touchante et solennelle consécration. Cette date, extraite d'un manuscrit de Cadouin, se trouve confirmée par une inscription, parfaitement conservée, qui rappelle l'époque de la consécration de l'église de St.-Martin de Limeuil, voisine de ce bourg.

C'est dans les deux églises même style, même appareil, même porte : en les comparant, on ne peut s'empêcher de leur assigner la même époque. L'église de Cadouin est un mélange d'architecture romane tendant quelquefois à l'ogive, mais d'une manière peu sensible.

Au reste, la réunion de ces deux styles était ordinaire dans ces premiers temps d'innovation, où il ne fallait pas étonner les esprits en rompant trop brusquement avec le passé. Les croisades étaient dans les annales de l'église un fait trop important pour ne pas chercher à en perpétuer la mémoire; mais aussi les bienfaits de Charlemagne et de Louis-le-Débonnaire étaient encore trop récens pour être entièrement oubliés.

Peu d'années avant la consécration de cette église, saint Bernard, revenant de Toulouse, où il avait été appelé pour combattre l'hérésie des henriciens, vint visiter le couvent de Cadouin. Plusieurs prélats l'accompagnaient, ainsi que le légat du pape. Les religieux accueillirent, sans doute, cet illustre docteur avec un saint enthousiasme, et le souvenir de ses prédications en public se retrouve encore à l'endroit qui porte le nom de Vigne de saint Bernard.

Les temps qui s'écoulèrent de 1119 à 1392, furent des siècles de prospérité pour le monastère. Les religieux s'étaient adressés à la cour de Rome pour obtenir des priviléges et des indulgences. Les souverains pontifes, qui ne pouvaient être indifférens pour la conservation de l'un des suaires qui avaient servi à ensevelir le Christ, s'empressèrent d'accorder la demande qui leur était faite. Clément III érigea une confrérie universelle en l'honneur et sous le nom du saint suaire. Tout le monde voulut en faire partie. Sujets, seigneurs, princes et rois s'y agrégèrent à l'envi, et c'est à cette époque que le monastère de Cadouin reçut plusieurs libéralités et qu'il fut honoré de la présence de plusieurs monarques.

Les seigneurs de Limeuil, alors très puissans, lui donnèrent des biens considérables. En l'année 1170, Agnès de Monpont, ses petits-fils, Guillaume Hélie et Reymond Arnal, y fondèrent un obit pour le repos de leur âme et de celles de leur famille. Ils permirent aux moines de prendre dans leur forêt, appellée *Bornet*, autant de bois que pourrait en porter un cheval, un mulet ou un âne. En 1206, Hélie de *Carrophio*, bourgeois du Puy-St.-Front, cédait à cette abbaye, avec toutes ses dépendances, l'église de Notre-Dame de la Daurade, qu'il avait fait bâtir sur les bords de l'Isle, près du pont de la Cité (1).

Pierre et Bertrand de Castillon, Buffarolle, leur sœur, et Géraud de Cuzeran, leur héritier, après leur visite faite au saint suaire, firent don au couvent de la terre et du château de Castillonnès avec sa juridiction. Une reine de France, une comtesse de la Marche, la ville de Toulouse et le seigneur Eyméric de Gontaut, offrirent quatre coffres d'argent et un de pur or pour enfermer le saint suaire, et un acte du chapitre général de l'ordre de Citeaux, tenu en l'an 1230, défendait de ne jamais aliéner celui qui était en or. Alphonse, roi de Castille, imitant ses prédécesseurs, prit sous sa protection tous les biens que les religieux possédaient dans ses états. Il attacha à ces biens le droit d'asile (2). Tout semblait vouloir concourir à la prospérité de ce monastère; et lorsque les fidèles l'enrichissaient de leurs offrandes, les guerriers le protégeaient de leur épée contre la trahison et l'apostasie.

Martin d'Algais, gouverneur du château de Biron, près de Cadouin, avait quitté le parti des croisés pour embrasser celui du comte de Toulouse. Monfort en fut indigné. Il marcha sur Biron, entra d'emblée dans le bourg, et somma la garnison, retirée dans le château, de se rendre. Hors d'état de résister, cette garnison offrit de remettre la place à condition qu'elle sortirait la vie sauve. Simon accorda cette demande, mais il voulut qu'on lui livrât Martin d'Algais. Les traîtres n'ont point d'amis : Martin fut livré. Monfort lui permit de se confesser : c'était lui annoncer son heure dernière. Il le fit attacher à la

---

(1) Extrait des archives de Cadouin.
(2) Extrait de l'histoire abrégée du saint suaire, imprimée à Angoulême, en 1651.

queue d'un cheval, et après l'avoir fait promener ainsi dans tout le camp, il le condamna au supplice le plus honteux : il le fit pendre. Monfort, ce Machabée du xiii.ᵉ siècle, usant de l'autorité que lui avaient donnée le pape et le roi, à cause de son amour pour son Dieu et de sa fidélité inviolable envers son prince, disposa du gouvernement de Biron en faveur d'un chevalier nommé Arnaud de Montaigu, et reprit le chemin de Toulouse après avoir délivré l'abbaye de Cadouin d'un ennemi dont le voisinage pouvait lui devenir funeste.

Éléonore, dont les malheurs peu mérités rendirent le nom si célèbre dans les annales de l'Aquitaine, plus digne d'un meilleur sort par l'héroïsme de son courage et la fermeté de son caractère, profitant de son dernier voyage dans ses états, vint à Cadouin pour visiter le monastère et honorer sa précieuse relique.

Louis IX, avant de partir pour sa seconde croisade, voulut rendre ses hommages au saint suaire. Il vint aussi à Cadouin avec les jeunes princes, et laissa au couvent une offrande digne de sa munificence.

Ce fut dans cette même période d'accroissement que les religieux reçurent des rois d'Aragon et d'Angleterre des présens si considérables, qu'ils purent fonder sept couvens de leur ordre (1). Les rois d'Angleterre, occupant alors la Guienne,

---

(1) Filiæ Caduinensis.
1.º *Abbatia Gondonii, sita in diœcesi Aginensi.*
2.º *Abbatia Fontis Willelmi, in diœcesi Vasatensi.*
3.º *Abbatia Faësiæ, in Burdigalensi diœcesi.*
4.º *Abbatia Bonnæ Valis, in diœcesi Pictaviensi.*
5.º *Abbatia sancti Marcelli, in diœcesi Cadursensi.*
6.º *Abbatia Ardurelli, in diœcesi Albigensi.*
7.º *Abbatia Clarianæ, in diœcesi Elnensi.*
(Extrait d'une convention entre l'abbé de Pontigny et celui de Cadouin, faite en présence d'Hélie de Bordeaux et d'Adhémar, évêque de Périgueux, en 1201.)

ajoutèrent de nouveaux bienfaits à leurs libéralités : ils affranchirent le monastère de tous subsides et dispensèrent les habitans de Cadouin de payer aucun impôt.

Les rayons de majesté et de puissance laissés dans le couvent par les rois qui le visitaient, en vivifiant l'ascendant des religieux dans leur voisinage, semblaient y accroître et affermir leur domination. L'abbé de Cadouin, traitant de pair avec le maréchal de Gascogne, lui permettait, en 1272, de jeter, au nom du roi d'Angleterre, les fondemens de la ville de Beaumont, et y autorisait l'érection d'une paroisse et la construction d'une église.

Charles V, voulant aussi visiter le saint suaire, fit un voyage à Cadouin, probablement à l'époque où, faisant la guerre contre Édouard III, Duguesclin remettait sous la domination royale le Périgord et l'Aquitaine. Les papes, à leur avènement au trône pontifical, accordaient à la confrérie du saint suaire de nouveaux priviléges, de nouvelles grâces, et recommandaient aux fidèles de faire au monastère d'abondantes aumônes. Les archevêques et évêques permettaient des quêtes dans leur diocèse pour entretenir le couvent et l'hôpital, où étaient reçus les pauvres et les pélerins. Cette vénération dont l'église entourait le saint suaire animait la piété des fidèles, qui accouraient non-seulement de tous les points de la France, mais des extrémités de l'Italie, de l'Angleterre et de l'Espagne, pour adorer cette précieuse relique et recevoir l'indulgence et le pardon de leurs fautes.

Il n'est pas douteux que les cloîtres de Cadouin furent commencés dans ces temps de prospérité et de ferveur. Leur style historié est d'une élégance trop remarquable, d'une richesse d'ornemens trop grande, pour n'avoir pas exigé des dépenses extraordinaires, des hommes habiles, et surtout de l'enthousiasme religieux. En effet, la délicatesse du travail, son extrême perfection jusque dans les moindres détails, cette patience admirable qu'il a fallu pour l'exécution, l'animation donnée par le sentiment surnaturel, l'expression des caractères, le choix des sujets, tout cet ensemble de force et de puissance chrétiennes, font penser que ces cloîtres, chef-d'œuvre d'espérance et d'amour, ne furent point l'ouvrage isolé d'une main profane, et que les ouvriers furent religieux avant d'être artistes. Les Grecs et les Romains, mus par la pensée d'une religion toute naturelle, ne donnaient à leurs édifices religieux qu'une grâce, une élégance, une richesse méthodiques, et leurs dogmes, à la portée de l'intelligence humaine, ne pouvaient rien inspirer en dehors des choses naturelles : mais il n'en fut pas de même de l'architecture chrétienne, dont on retrouve toute la sublimité dans les cloîtres de Cadouin. C'est là que la pénitence, le repentir, la méditation ont arraché l'homme à la nature physique pour le jeter dans cet esprit de spiritualité qui portait à tout exalter et qui parut tout envahir, surtout durant le XIII.e siècle.

L'élancement des parties architectoniques vers le ciel, la forme triangulaire de l'ogive, les nervures des voûtes s'échappant d'un centre étoilé comme autant de rayons célestes, n'étaient que l'expression d'une idée mystique, et aux yeux des architectes, leurs œuvres n'étaient probablement qu'un symbole. Les ouvriers ne couraient point après un salaire : en prenant part aux travaux les plus pénibles, ils croyaient racheter leurs fautes et obtenir des grâces spirituelles. L'empressement avec lequel on se livrait à ces actes de dévotion se trouve dépeint dans une lettre écrite, en 1145, aux religieux de l'abbaye de Tuttebery, en Angleterre, par Aimon, abbé de St.-Pierre-Sur-Dive. « C'est un prodige, « dit-il, que de voir des hommes puissans, fiers de leur « naissance et de leurs richesses, accoutumés à une vie molle

« et voluptueuse, s'attacher à un char avec des traits, et voi-
« turer la chaux, le bois et tous les matériaux nécessai-
« res pour la construction de l'édifice sacré. Quelquefois
« mille personnes, hommes et femmes, sont attachés au même
« char, tant la charge est considérable, et cependant il rè-
« gne un si grand silence, qu'on n'entend pas le moindre
« murmure. Quand on s'arrête dans les chemins, on parle,
« mais seulement de ses péchés, dont on fait confession avec
« des larmes et des prières : alors les prêtres engagent à
« étouffer les haines, à remettre les dettes. S'il s'en trouve
« quelqu'un assez endurci pour ne pas vouloir pardon-
« ner à ses ennemis et refuser de se soumettre à ces pieu-
« ses exhortations, aussitôt il est détaché du char et chassé
« de la sainte compagnie (1). »

Le même abbé rapporte qu'il se forma de semblables congrégations dans les lieux où l'on bâtissait des couvens, surtout lorsque les couvens étaient sous l'invocation de la sainte Vierge : telle était l'abbaye de Notre-Dame de Cadouin. Il est donc hors de doute que la confrérie du saint suaire, qui attirait tant de personnes à Cadouin, dut prendre part à la construction des cloîtres. D'ailleurs, dès cette époque, les maçons étaient réunis en compagnie : ils avaient leurs statuts, leurs chefs, et allaient s'établir dans les lieux où il y avait des édifices religieux à construire. Est-il probable que les tailleurs de pierres, les sculpteurs, fussent seuls étrangers à l'enthousiasme religieux qui à cette époque animait toute la chretienté? Alors il n'y avait point d'individus; on ne connaissait que des confréries, des monastères. Dans cette période catholique, tout était mis en commun; on ne s'attribuait rien en propre. De là, sans doute, l'ab-

---

(1) *Annales de l'ordre de saint Benoit*, n.° 67, t. vi.

sence de dates et de noms d'auteurs dans presque tous nos monumens des xiii.e et xiv.e siècles.

Plus tard, le saint suaire n'était plus à Cadouin. Les Anglais, jaloux de l'affluence des pélerins, qui arrivaient de tous côtés, avaient voulu s'en emparer pour le porter en Angleterre. Bertrand Desmoulins, craignant qu'ils ne vinssent à bout de leur dessein, se détermina à le transférer à Toulouse. Ce fut lui-même qui, accompagné de plusieurs religieux, le porta dans cette ville en l'année 1392. Il est probable que l'absence de cette relique priva le monastère de ses ressources, de ses nombreux ouvriers, et que dès-lors les travaux furent suspendus, repris à des époques plus heureuses, et enfin achevés, mais avec moins de luxe.

Le cloître de Cadouin, orienté comme l'église, a pour plan un parallélogramme rectangle entouré d'arcades ogivales. Ces arcades reposent sur des colonnes à chapiteaux historiés. Celles qui environnent le préau sont partagées en deux plus petites arcades séparées par une ou deux colonnettes, et l'espace compris entre le grand arc et les deux petits est occupé par de légers ramages symétriquement agencés, entre lesquels circulent le jour et la lumière.

L'allée du nord est remarquable, en ce que le soubassement sur lequel repose cet ordre architectural forme un banc saillant d'environ un pied. Cette saillie est interrompue à la quatrième arcade par un trône gothique qui fut celui de l'abbé, et que l'on ne peut mieux comparer qu'au trône que nous voyons figurer sur quelques monnaies des xiii.e et xiv.e siècles. En face du siége de l'abbé se trouve celui du lecteur, mais beaucoup plus simple et sans ornement. Les sculptures des chapiteaux du siége en particulier, et celles qui décorent même les voûtes, sont encore, malgré les injures du temps et de la main des hommes, dignes d'être soigneusement conservées. A l'extrémité de chaque galerie on voit des portes sculptées.

DÉTAIL DES ORNEMENS DU SIÉGE DE L'ABBÉ.

Le siége de l'abbé présente en relief un grand tableau sur lequel on remarque : 1.º Adam et Ève chassés du paradis terrestre par un ange armé d'un glaive; 2.º Abel tué par Caïn, son frère; 3.º le patriarche Noé et sa femme : un rameau de vigne orné de ses feuilles et de son fruit les entoure; 4.º Jésus conduit au Calvaire, portant sa croix et suivi de ses bourreaux; 5.º la sainte Vierge en proie à la douleur, consolée et soutenue par l'apôtre saint Jean : des gardes l'environnent; 6.º deux personnages assis qui semblent se disputer; 7.º un moine qui tient le démon attaché avec une chaîne; 8.º un personnage qui compte des écus, probablement Judas; 9.º Marie-Madeleine à genoux, tenant une boîte de parfums; 10.º une procession de moines, l'abbé en tête avec sa crosse, se dirigeant vers le Calvaire; 11.º enfin un coussin sur lequel reposent des ossemens avec une tête de mort. Ce tableau, comme l'on voit, n'est pas purement historique : l'allégorie y trouve aussi sa place.

Les cloîtres de Cadouin offrent quatre variations du style ogival qui remplaça l'architecture romane. Ces modifications sont faciles à reconnaître dans leurs ornemens et leurs formes architectoniques. Les galeries de l'est, du nord et du sud sont des XIII.e, XIV.e et XV.e siècles. La galerie de l'ouest appartient évidemment à la renaissance. La plus ornée, la plus riche des quatre galeries, est incontestablement celle de l'est. Elle est aussi la plus instructive; et si l'art peut y étudier les différentes phases du gothique, la religion y retrouve ses souvenirs, des tableaux qui rappellent l'union du nouveau à l'ancien Testament, image évangélique de l'union de tous les peuples : car c'est là la grande pensée religieuse qui nous paraît avoir inspiré les artistes décorateurs du cloître de Cadouin. Il reste encore quelques arcades des cloîtres primitifs, dont plusieurs colonnes se trouvent agencées dans le mur de la galerie *est* des cloîtres actuels. Ces arcades à plein-cintre, et de petite dimension, soutiennent *à l'ouest* les voûtes d'une vaste salle qui sert aujourd'hui de cave.

Il y avait dans le monastère de Cadouin un cachot où était enfermé le religieux qui se rendait coupable d'une faute grave. Ce cachot était humide, privé de lumière, et l'air n'y arrivait que par le pertuis où passaient le pain et l'eau jetés au malheureux. C'était une basse-fosse, ou plutôt un tombeau, que l'on scellait sur le pénitent en prononçant ces paroles : *Vade in pace* (allez en paix); paroles en apparence pleines de consolation, mais en réalité terribles, et que la mort eût rendues plus douces et plus vraies. Les souverains pontifes réprouvèrent ce genre de supplice, qui leur sembla trop cruel et incompatible avec les principes d'une religion d'amour qui, n'usant ici-bas que de miséricorde, laisse à Dieu les rigueurs de la justice. Ces funérailles des vivans, en usage dans presque tous les couvens, furent supprimées; mais les cachots ne furent point détruits, et celui de Cadouin subsiste encore. Ce cachot est placé près du mur qui sépare la sacristie des anciens cloîtres, et sur la ligne des arcades primitives. La date de la construction de cette basse-fosse est incertaine. Le pape Innocent III écrivait, en 1198, à Raymond de Castelnaud, évêque de Périgueux, au sujet d'une réforme nécessaire dans le monastère de Cadouin : peut-être cette circonstance amena la construction de ce cachot, qui se rattacherait dès-lors à cette époque.

DÉTAIL DES SCULPTURES

DES QUATRE GALERIES DU CLOITRE.

Galerie de l'Est.

Cette galerie est composée de six travées. Chaque travée offrait cinq pendentifs attachés à la voûte par des agrafes de fer.

Le chapiteau de chaque colonne présente un sujet. Les sujets sculptés sur les chapiteaux se correspondent.

1.re TRAVÉE. — Les symboles des quatre évangélistes désignés dans la vision d'Ezéchiel : l'ange, l'aigle, le lion et le bœuf. Le pendentif du milieu n'existe plus. Il a été remplacé par cette inscription moderne : *NN. DD. Thomas Delort de Scrignan, abbas de Caduino,* 1721. A cette époque, les cloîtres ou le monastère furent sans doute restaurés, et les moines, pour en conserver le souvenir, firent graver sur la pierre le nom du restaurateur.

2.e TRAVÉE. — Les quatre grands prophètes, Daniel, Ezéchiel, Isaïe et Jérémie. Sur une des statuettes on lit cette inscription latine en lettres gothiques : *Daniel, propheta.* Le pendentif du milieu, détaché de la voûte, a disparu.

3.e TRAVÉE. — L'histoire de Samson. Ce personnage est représenté 1.º terrassant le lion de Thamnatha, dont il ouvre la gueule pour la déchirer ; 2.º reposant auprès de Dalila qui, avec des ciseaux, lui coupe les cheveux ; 3.º assis auprès de la même femme qui a mis un mors dans sa bouche. Les rênes de la bride flottent sur ses épaules, mais si fortement serrées par Dalila, que Samson est forcé de porter la tête en arrière. Deux pendentifs sont perdus.

4.ᵉ Travée. — Le sacrifice d'Abraham. Ce patriarche est armé d'un glaive. Isaac porte le bois qui doit consumer la victime. Deux pendentifs manquent. Celui du milieu représente Moïse sauvé des eaux.

5.ᵉ Travée. — Le jugement général. Quatre anges sonnent de la trompette. Jésus-Christ est au milieu d'eux, avec une auréole autour de la tête. Il porte sa croix.

La sixième travée a perdu tous ses pendentifs.

DÉTAIL DES SCULPTURES DES CHAPITEAUX.

1.ᵉʳ Chapiteau. — A droite, Jonas fuyant dans une nacelle pour ne pas remplir sa mission.

A gauche, Saint-Paul se faisant descendre dans une corbeille pour aller remplir sa mission évangélique.

2.ᵉ Chapiteau. — A droite, Job sur un fumier. Les vers le dévorent. Satan, couvert d'une peau d'ours et les pieds armés de longues griffes, est debout à côté de lui. Au-dessus, une multitude d'anges, portés sur des nuages, tiennent des instrumens de musique.

A gauche, la scène du mauvais riche, figurée par trois personnages assis à table; à côté, un mendiant et un chien qui lui lèche les pieds. Le mauvais riche se connait à son vêtement et à sa complète indifférence.

3.ᵉ Chapiteau. — A droite, la mort du mauvais riche. Ce personnage est étendu sur un lit richement paré. Deux personnages lui prodiguent leurs soins. Au-dessus de cette première scène, des démons, à figures hideuses, tiennent dans les flammes un personnage qu'ils déchirent avec leurs ongles, et les flammes, qui s'élèvent en tourbillons, brûlent d'autres réprouvés.

A gauche, la mort de Lazare, figurée par plusieurs personnages. Lazare est étendu sur un grabat, entouré des marques de la pauvreté. Plus haut, on voit Lazare reposant dans le sein d'Abraham, au milieu d'une foule d'anges qui, avec des instrumens de musique, célèbrent son triomphe.

DÉTAIL DES SCULPTURES DES PORTES.

Les portes des cloîtres sont décorées d'une quantité de bas-reliefs, d'ornemens curieux par la manière dont ils sont travaillés et par la variété de leur composition. Leurs pilastres sont divisés en plusieurs panneaux, ornés de rinceaux et surmontés d'aiguilles ou de pinacles. Ces portes présentent au-dessus de leur arcade un fronton presque pyramidal, garni de crochets, dont le sommet supporte un piédestal destiné à recevoir une statue.

L'une d'elles offre des pilastres dont les chapiteaux sont en forme de dais découpés à jour, et voulant, ce semble, par leurs broderies, rivaliser avec les subtilités de la pensée.

Sur les pinacles de quelques portes, ornées de feuilles de chardons ou de choux frisés, on voit des lions, des tigres et d'autres animaux qui, la tête penchée vers la terre, paraissent descendre le long des pilastres.

Deux portes ont, dans leur fronton, des écus blasonnés et entourés du cordon de l'ordre de Saint-Michel. Le plus grand des écussons renfermait trois fleurs de lys; il est surmonté d'un crucifix plein d'expression dans la pose et dans la figure.

Galeries du nord et du sud.

Ces deux galeries, composées de sept travées chacune, sont privées de leurs pendentifs. On n'en remarque qu'un seul dans la dernière travée de l'allée du nord. Il représente un groupe d'anges qui tiennent le saint suaire déployé, l'exposant à la vénération des peuples. Les agrafes de fer qui soutenaient ces pendentifs ou qui étaient destinées à les soutenir (car ces galeries sont restées peut-être inachevées) existent encore.

Les chapiteaux des colonnes ne sont point historiés, et leurs personnages, peu soignés, nous semblent appartenir à une autre époque. Les figures sont d'une plus grande proportion, moins nombreuses, et toutes placées sur les chapiteaux des colonnes de droite. Les chapiteaux des colonnes qui supportent les arcades feintes figurent des têtes de tours avec leurs créneaux, leurs machicoulis, et quelquefois des feuilles d'acanthe. Les sujets des chapiteaux de droite sont des moines, qui lisent, méditent ou prient. Un seul chapiteau offre un sujet bizarre, et même plaisant : il est figuré par deux personnages dont l'un a la bouche béante, et l'autre la tête couverte d'un bonnet avec des oreilles d'âne. Ces deux personnages désignent probablement la folie et l'imbécillité. L'inscription, en lettres gothiques, est celle-ci : *Tiel rit qui mort*. Cette sentence, devenue plus que jamais proverbiale, est postérieure d'un siècle, au moins, à ce bas-relief, et ne nous paraît pas lui convenir.

Les portes, moins anciennes que celles de la galerie de l'est, sont moins historiées, et leurs moulures ne sont pas si arrondies.

Galerie de l'ouest.

Cette galerie est composée de six travées, dont le style architectonique est bien différent de celui des autres parties du cloître. Elle appartient évidemment à l'époque de la renaissance. Les voûtes ne sont point décorées de pendentifs. Elles offrent des médaillons à figures grimaçantes, les attributs des quatre évangélistes, et d'autres ornemens entièrement dégradés.

Les deux portes de cette galerie étaient chargées d'ornemens ; mais la pluie et la gelée ont émoussé la délicatesse des traits, et ces ornemens sont devenus méconnaissables.

D'après ces détails, nous pensons que le cloître de Cadouin a été bâti à diverses reprises. L'allée de l'est appartient à la fin du xiii.e siècle. C'est même complication d'ornemens, même profusion de statues. Les costumes sont bien ajustés, et dans les personnages il y a expression et mouvement. Les portes de cette galerie sont du xv.e siècle. Les formes prismatiques dans les moulures, les ornemens de feuilles de vigne, de chardons, de choux frisés, les statues d'un travail maigre, dénotent cette époque. Les allées nord et sud appartiennent au xiv.e siècle. Les lignes offrent moins de rectitude, le travail moins d'harmonie dans l'ensemble, moins de grâce, et quelques chapiteaux sont ornés de feuilles d'acanthe.

La galerie de l'ouest appartient au commencement du xvi.e siècle. Les ornemens sont de plus petite dimension, mais plus gracieux, plus élégans que ceux du xiii.e siècle.

Telles sont les différences de style que nous avons cru reconnaître dans l'architecture de Cadouin. L'histoire de ce couvent, racontant ses prospérités et ses malheurs, indique indirectement le motif de ces variations.

Le monastère de Cadouin, privé du saint suaire depuis l'année 1392, tomba dans une misère presque extrême. Les religieux furent forcés, pour vivre, de faire un appel à la charité publique. Autant la présence de cette relique lui avait acquis de célébrité, autant son absence le fit tomber dans le délaissement et dans l'oubli. L'indifférence des fidèles pour ce couvent devint si grande, qu'à sept ou huit lieues aux environs on savait à peine s'il existait encore. Contraste bien pénible avec les jours de gloire où seigneurs, princes et rois venaient le visiter avec empressement !

Le saint suaire, transféré à Toulouse, ne cessa point d'être un objet de vénération pour les peuples et pour les rois. Charles VI, atteint d'aliénation, et cherchant, dans ses momens de lucidité, un remède à sa triste position, crut le trouver dans la vertu du saint suaire, qu'il envoya chercher par l'évêque de Chartres. Cette relique fut accompagnée par l'abbé de Cadouin, l'assesseur des capitouls et le syndic de Toulouse. Arrivée à Paris, elle fut déposée dans la chapelle de l'hôtel Saint-Paul, où une neuvaine fut célébrée pour le rétablissement de la santé du roi. Après cet acte de dévotion, le saint suaire fut rapporté à Toulouse. Avant son départ, il avait été exposé à la vénération du peuple de Paris dans l'église des Bernardins (1).

Marie d'Anjou, fille du roi de Naples et femme de Charles VII, ayant eu aussi le pieux désir de voir cette relique, se rendit à Toulouse pour satisfaire sa dévotion.

La ferveur des fidèles allait toujours croissant ; l'Aqui-

(1) Extrait de la Vie de Charles VI, par Mlle de Lussan.

taine et la France entière venaient d'être délivrées du joug des Anglais. Les religieux de Cadouin crurent ce moment favorable pour replacer le saint suaire dans leur couvent; ils allaient le retirer de l'église du Taure, où il avait été déposé, lorsque le chapitre de l'église cathédrale de Toulouse s'opposa au déplacement de cette relique. Les religieux furent étonnés de l'opposition du chapitre. Il y eut un commencement de procès; mais, après quelques discussions, l'on finit par s'entendre : le saint suaire resta à Toulouse. La bonne foi, dans une transaction, n'éteint pas le sentiment de la douleur causée par la perte d'un objet qu'on vénère ou qu'on affectionne, et la loyauté n'exclut point de légitimes regrets. Les religieux de Cadouin pensaient à leur trésor, le convoitaient peut-être; ils disaient hautement leur chagrin, et les fidèles du diocèse de Sarlat partageaient en général leurs sentimens. En l'année 1456, des jeunes gens, n'écoutant que leur zèle, se rendirent, pendant la nuit, dans l'église *du Taure,* et, à la faveur des ténèbres, s'emparèrent du saint suaire, qu'ils rapportèrent à Cadouin. Le bruit de cet enlèvement jeta la ville de Toulouse dans la consternation. De promptes mesures furent prises pour recouvrer cette relique furtivement enlevée. On invoqua le traité qui avait terminé la première contestation. Les religieux n'en tinrent nul compte. Leur refus augmenta le mécontentement des Toulousins. L'exaspération faisait chaque jour de si grands progrès que les religieux, craignant qu'on ne vînt à main armée leur enlever le saint suaire, le transportèrent secrètement dans le couvent d'Obazine, en Limousin, où il resta caché pendant sept ans. Le parlement de Toulouse rendit un arrêt pour ordonner la restitution du saint suaire; mais l'ignorance du lieu où était cette relique empêcha l'exécution de cet arrêt, et le temps, qui triomphe des hommes, de leurs prétentions, de leurs droits, favorisa le couvent de Cadouin.

Les religieux, croyant les Toulousins apaisés, ne prévoyant pas les nouvelles difficultés que leur démarche allait soulever, voulurent reprendre leur relique à Obazine ; Pierre de Combort, évêque d'Evreux et administrateur de l'abbaye, s'y opposa. De là nouvelle querelle, nouveau procès. Pierre de Gain, alors abbé de Cadouin, ne sachant comment sortir de l'embarras où le mettait ce refus, s'adressa à Charles VII qu'il mit dans l'intérêt de sa cause. Ce monarque ordonna que le saint suaire serait remis à ses anciens possesseurs. Cette relique revint, en effet, dans son premier couvent le 10 juin de l'année 1463. C'est ce fait historique que constate l'inscription, en partie effacée, que l'on voit encore sur une pierre sépulcrale placée dans l'église de Cadouin, à côté du tombeau qu'elle recouvrait (1).

Informés du retour du saint suaire à Cadouin, les habitans de Toulouse renouvelèrent leurs poursuites contre l'abbé et les religieux du monastère. Mais ce fut en vain : après plusieurs années de débats, ils perdirent leur procès.

L'abbaye, tombée en ruines pendant l'absence du saint suaire, exigeait de grandes réparations. Les ressources du couvent étaient insuffisantes pour subvenir aux dépenses nécessaires. Les états du Périgord reçurent une demande de secours qu'ils accueillirent ; mais, ne pouvant prélever aucun impôt sur la province sans une autorisation royale, ils

---

(1) Voici l'inscription entière :

« *Hic jacet frater Petrus de Gain, senior abbas hujus monasterii,*
« *in cujus tempore recuperatum fuit sanctissimum sudarium videlicet,*
« *die X mensis junii an. dom. 1463, de manibus reverendi in Christo*
« *patris Dom. Petri de Combornio, Ebroicensis episcopi, administrato-*
« *ris Obasinæ : Anima ejus requiescat in pace!* »

s'adressèrent à Charles VII, qui, informé des besoins du monastère, qu'il protégeait, s'empressa de la leur accorder. Des fonds furent votés pour réparer cette abbaye, qui voyait s'ouvrir devant elle une nouvelle carrière de prospérité.

Louis XI, guidé par ses sentimens de dévotion, étant venu à Cadouin pour honorer le saint suaire, qu'il ne put voir sans verser des larmes, laissa dans le couvent plusieurs preuves de sa munificence. Craignant que le nombre des religieux ne fût insuffisant pour rendre à cette relique le culte et les honneurs qu'elle méritait, ce monarque donna les revenus nécessaires pour l'augmenter, et, par ce bienfait royal, soixante religieux de plus trouvèrent place dans le couvent.

Anne de Bretagne, femme de Charles VIII, voulant prouver aussi son dévouement au saint suaire, vint le visiter; elle laissa au monastère des présens dignes du haut rang qu'elle occupait.

La ferveur des fidèles ne se démentait point. Le monastère avait retrouvé des jours heureux; mais quelques innovations dans ses règles constitutives et les progrès de la réforme amenèrent insensiblement sa décadence. Dès l'année 1530, les abbés commendataires s'attribuèrent le produit des vœux et des offrandes; l'hérésie vint ensuite préoccuper les peuples, altérer leurs sentimens de vénération pour les reliques; et s'étant emparée de l'abbaye de Cadouin, elle y fit cesser entièrement l'office divin.

Les temps qui suivirent l'envahissement du monastère devinrent de plus en plus orageux : les biens de ce couvent ravis, ses bâtimens dégradés, son église dépouillée, les châsses d'or et d'argent du saint suaire enlevées, il ne lui serait resté que le souvenir du passé, si ses religieux n'eussent sauvé la relique qui, pendant plus de trois siècles, avait fait sa gloire et sa richesse.

La déplorable lutte entre les catholiques et les protestans, alternativement vainqueurs et vaincus, se prolongea long-temps dans le Périgord, surtout dans les environs de Cadouin ; mais le besoin de la paix, que la religion devait appeler de tous ses vœux, se fit sentir dans le cœur de ceux qui, nés sur le même sol, enfans de la même patrie, unis peut-être par les liens du sang, n'auraient jamais dû se montrer ennemis. Le calme se rétablit, les religieux rentrèrent dans la vie cénobitique, et purent sans crainte en remplir tous les devoirs. Ils s'occupèrent d'abord de réparer leur église. C'est probablement à cette époque, vers l'an 1630, qu'ils firent peindre la voûte du sanctuaire, pour y suspendre leur précieuse relique au moyen de deux chaînes de fer qui sont encore attachées à la voûte. La fresque peinte sur cette voûte représente le Christ sortant du tombeau et laissant le linceul de sa sépulture. Deux anges, vêtus de blanc, les ailes déployées, se tiennent debout, un encensoir à la main, tandis que les gardes saisis de frayeur sont atterrés. Le Sauveur, revêtu d'une espèce de manteau enrichi de broderies, s'élève dans les cieux portant sa croix de la main gauche, et tenant la droite élevée comme pour bénir. Cette scène est dessinée sur un fond d'azur parsemé de fleurs de lys. La peinture est plus remarquable par la vivacité de ses couleurs que par la pureté du dessin et le talent de la composition.

Le protestantisme ne dominait plus dans le Périgord, et les temps, devenus plus calmes, permettaient à la religion de reprendre insensiblement le libre exercice de son culte extérieur. Les évêques faisaient leurs visites pastorales, travaillaient à relever les ruines du sanctuaire et s'efforçaient de ne laisser régner l'indifférence nulle part, parce que partout le zèle était devenu nécessaire. En l'année 1644, les religieux de Cadouin prièrent M. de Lingendes, évêque de Sarlat, de venir dans leur monastère pour constater l'authenticité du saint suaire, et autoriser qu'il fût exposé à la vénération des peuples. Ce savant prélat se rendit à leurs pieux désirs ; il arriva à Cadouin accompagné de plusieurs docteurs en théologie. Le prieur du monastère, Etienne Guichard, introduisit ce pontife dans une salle où il avait fait transporter toutes les bulles, les lettres-patentes, les registres et autres documens relatifs au saint suaire. Le prélat examina avec attention ces diverses pièces, et, après en avoir fait la lecture, il déclara *qu'il ne croyait point qu'il se trouvât dans toute la chrétienté une relique mieux avérée* (1).

Le procès-verbal de cette visite est extrêmement curieux ; il relate le nom des papes, des évêques et des rois dont le prélat assure avoir lui-même lu avec respect les bulles, les ordonnances et les lettres-patentes. On ne peut guère révoquer en doute la vérité des faits consignés dans ce procès-verbal, qui est signé par quatre docteurs en théologie, par deux jésuites, par le pontife, et contre-signé par son secrétaire.

Le couvent était restauré et le saint suaire remis en honneur. Les religieux pouvaient espérer de nouveaux jours de bonheur et de gloire : mais les temps étaient changés. Les querelles religieuses avaient affaibli la piété, et la dévotion aux reliques s'était refroidie. A cette époque le saint suaire compta moins de pèlerins et ne fut plus visité des rois. A la vérité, la magnanime tolérance de Henri IV avait calmé l'effervescence anti-catholique qui gagnait les esprits. Soumis lui-même à l'église romaine, son exemple aurait eu des imitateurs, et la loyauté de son règne, mêlé de bonté, de

(1) Extrait du procès-verbal de M. Lingendes, imprimé en 1644.

douceur, de patience, eût ramené l'unité des croyances ; mais le fanatisme, dont toute la force réside dans la fougue des passions, ne sait point attendre. Est-il comprimé, il se replie sur lui-même, et dans sa fureur concentrée il médite le crime : Henri IV fut assassiné. Sous ses successeurs reparurent les guerres civiles. Louis XIV, dont le caractère fut aussi énergique que son siècle fut fécond en grands hommes, ne voulut point tolérer l'hérésie dans son royaume ; il la bannit de ses états, lorsqu'il eût mieux fait, peut-être, de ne pas s'occuper d'elle. L'opposition devint alors plus vive, le mécontentement plus général, beaucoup de familles abandonnèrent la France ; mais il en resta un plus grand nombre encore pour soutenir en secret une cause devenue politique. L'attaque emprunta toutes les formes pour se ménager un triomphe : constante dans sa lutte, elle ne déposa les armes qu'après le succès. Ce grand prince n'était plus..... les sombres nuages amoncelés sur la France par la réforme, le jansénisme et la philosophie du XVIII.e siècle, finirent par amener une effroyable tempête qui renversa les monastères et dispersa leurs pieux habitans.

Ainsi finit l'abbaye de Cadouin. L'histoire nous l'a montrée imposante, riche et célèbre : elle n'est plus ; mais son église et ses cloîtres lui ont survécu. Nous avons décrit l'église, nous avons essayé de peindre la richesse des cloîtres ; mais une description sera toujours impuissante pour donner une juste idée des tableaux variés, des scènes touchantes qu'on y admire, et qui sont pour l'âme une source intarissable de vives émotions. L'amour et la crainte, la foi et l'espérance, la paix et le remords, les joies et les ennuis, la beauté du ciel et les horreurs de l'enfer, le bonheur des élus et le malheur des réprouvés, sont dans les cloîtres de Cadouin des sujets qui anéantissent toute pensée humaine, et font sortir l'homme du monde matériel pour le transporter dans une région surnaturelle. Mais encore à combien d'observations utiles ces cloîtres ne peuvent-ils pas donner lieu sur les costumes religieux, civils et militaires de l'époque? Que de faits à recueillir pour l'histoire de la statuaire, et que nous avons passés sous silence! L'artiste y trouvera beaucoup à étudier; et fût-il admirateur passionné des chefs-d'œuvre d'Athènes et de Rome, son âme éprouvera aussi de l'enthousiasme pour ces travaux du moyen âge.

Mais de quel sentiment de douleur n'est-on pas saisi lorsque, après avoir admiré avec exaltation et une espèce de tressaillement ces magnifiques sculptures, on vient à énumérer les dégradations nombreuses qu'elles ont subies! Une émotion indéfinissable s'empare de l'âme, et l'esprit reste en proie à mille pensées diverses. On déplore les ravages du temps; on s'irrite contre la malice ou l'incurie des hommes, et l'on fait des vœux pour que l'on conserve ces précieux débris, s'il est impossible de réparer le tout.

Les cloîtres de Cadouin, vendus depuis bientôt un demi-siècle, étaient livrés à tous les genres de dégradations, lorsque M. Romieu, préfet du département de la Dordogne, conçut l'heureux projet de les sauver d'une destruction inévitable. Cet administrateur, aussi habile que spirituel et bienveillant, soumit son projet au conseil général. Cette assemblée, qui compte dans son sein plusieurs hommes de mérite, amis des arts et des antiques souvenirs, accueillit avec empressement ce louable projet, et vota la somme nécessaire pour sa réalisation. C'est ainsi que les cloîtres sont devenus la propriété du département (1). Il appartient maintenant au

(1) La délibération du conseil général est du 25 août 1838. Le président de la session était M. Mérilhou, pair de France.

pouvoir d'employer tous les moyens de conservation en faveur de ce monument vraiment curieux. Cette œuvre est digne de lui : elle fut dans la pensée de plusieurs de nos rois, et elle intéressera toujours les amis de la religion, des sciences et des arts.

Nous n'avons rien dit de l'ancienne église de Cadouin (la Salveta). Notre plan nous imposait ce silence. Nous ne publierons que les deux inscriptions qu'on voit sur le mur de façade, parce qu'aujourd'hui presque indéchiffrables, demain peut-être elles seraient ensevelies sous des ruines. Les voici : A droite, 1.re inscription : « Je suis le lys champêtre élevé « parmi les épines, que le temps a voulu détruire; mais la « providence et mon époux m'ont redonné l'estre. » A gauche, 2.e inscription : « *Amaverunt me justi et dominus exau-* « *divit eos : dilectus meus super me posuit manum suam.* »

Ces deux inscriptions, de la fin du xvi.e siècle, indiquent que si cette église eut à souffrir, elle fut néanmoins conservée. Son état actuel est pire qu'il n'était alors. Il est à craindre qu'elle ne soit bientôt qu'un amas de décombres.

CLOÎTRE DE CADOUIN.
Galerie Est.

www.ingramcontent.com/pod-product-compliance
Lightning Source LLC
LaVergne TN
LVHW021711080426
835510LV00011B/1707